COUTUMES
DE
SAINT-JEAN POUTGE
(GERS)

1306, 3 février

PAR

CHARLES DE LUPPÉ

ÉLÈVE DE L'ÉCOLE DES CHARTES

(Extrait de la *Nouvelle Revue historique de droit français et étranger*
Mai-Juin 1912).

LIBRAIRIE
DE LA SOCIÉTÉ DU
RECUEIL SIREY
22, rue Soufflot, PARIS, 5ᵉ arrdᵗ
L. LAROSE & L. TENIN, Directeurs

1912

COUTUMES

DE

SAINT-JEAN POUTGE

(GERS)

1306, 3 février

IMPRIMERIE
CONTANT-LAGUERRE

BAR-LE-DUC

COUTUMES

DE

SAINT-JEAN POUTGE

(GERS)

1306, 3 février

PAR

CHARLES DE LUPPÉ

ÉLÈVE DE L'ÉCOLE DES CHARTES

(Extrait de la *Nouvelle Revue historique de droit français et étranger*
Mai-Juin 1912).

LIBRAIRIE
DE LA SOCIÉTÉ DU
RECUEIL SIREY
22, rue Soufflot, PARIS, 5ᵉ arrdᵗ
L. LAROSE & L. TENIN, Directeurs

1912

COUTUMES

DE

SAINT-JEAN POUTGE (GERS)

1306, 3 février.

Nous donnons ci-dessous le texte des coutumes octroyées le 3 février 1306 (n. st.) aux habitants du village de Saint-Jean Poutge (1) par Fortaner de Luppé, écuyer, seigneur de Saint-Jean Poutge. Ce texte ne nous est connu que par une copie informe de la traduction française de ces coutumes, copie qui date du xviie siècle (2).
L'original était vraisemblablement rédigé en latin, comme tendent à le montrer plusieurs expressions qui sont des latinismes; d'ailleurs le traducteur n'a pas toujours bien compris et certains passages sont obscurs. Nous n'avons pu établir la parenté de ces coutumes avec d'autres de la même région; peut-être peut-on supposer que des emprunts ont été faits aux coutumes de Vic-Fezensac, ville dont le nom revient souvent dans notre texte, coutumes qui datent de 1285, mais dont le texte est inconnu.

(1) Saint-Jean Poutge, Gers, arrond. d'Auch, cant. de Vic-Fezensac.

(2) Archives de M. le comte Louis de Luppé, au château d'Asson (Basses-Pyrénées). Mention : Bibl. nat., ms. fr. 31687, *verbo* Luppé (Preuves de noblesse faites sur titres originaux produites au Cabinet des Ordres du Roy au mois d'avril 1768). Ces coutumes sont mentionnées, d'après le document que nous publions par : Monlezun (l'abbé J.-J.), *Histoire de la Gascogne*, Auch, 1846-1849, 6 vol. in-8°, t. III, p. 480; Samazeuilh, dans *Bulletin de la Société des lettres, sciences et arts de Pau*, t. II, p. 56; Lavergne (A.) et Mastron, *Liste des chartes de coutumes du Gers*, dans *Bulletin de la Société archéologique du Gers*, 1909, 4e trimestre.

La seigneurie de Saint-Jean Poutge appartenait en 1279 à Fortaner de Luppé, père de celui qui nous occupe, et à ses frères, Odon, Arnaud et Montassin. Un différend né entre eux et l'abbaye de la Caze Dieu (1), au sujet de terres sises à Saint-Jean Poutge, fut réglé par un arbitrage dont acte fut reçu le 2 janvier 1279 (n. st.) par M⁰ Guillaume de la Molère, notaire à Vic (2). Ce Fortaner eut un fils appelé aussi Fortaner, et dans sa jeunesse Fort, sans doute pour le distinguer de son père. En 1290, Fort de Luppé, damoiseau, assiste à une sentence arbitrale rendue à la Caze Dieu (3), et en 1292 à la confirmation par Gaillard de Parnassac et son frère Guillaume d'une donation faite à l'abbaye de la Caze Dieu par leur aïeul Auger, comte de Pardiac (4). Vers 1296, il succède à son père dans les seigneuries de Luppé (5), Daunian (6) et Saint-Jean Poutge. Le 3 février 1306 (n. st.) il donne aux habitants de Saint-Jean Poutge les coutumes dont il est question. Il vendit d'ailleurs cette dernière seigneurie en 1310 à noble Bernard de Monlezun, seigneur de Saint-Lary (7); il mourut avant le 7 août 1319, car à cette date, son fils aîné Carbon prêta hommage au comte d'Armagnac pour la seigneurie de Luppé (8).

Nous tenons à remercier ici M. Prou des conseils qu'il a bien voulu nous donner pour la publication de ce document.

CHARLES DE LUPPÉ.

(1) Lacazedieu, Gers, arrond. de Mirande, cant. de Plaisance, comm. de Beaumarchès. Abbaye de l'ordre de Prémontré.
(2) Bibl. de Tarbes, *Glanages de Larcher*, t. V.
(3) *Larcher*, t. V, Bibl. nat., ms. fr. 31687.
(4) *Id., ibid.*
(5) Luppé, Gers, arrond. de Condom, cant. de Nogaro.
(6) Daunian, Gers, arrond. de Condom, cant. de Nogaro, comm. de Magnan.
(7) Original : Arch. d'Asson; mention : Bibl. nat., ms. fr. 31687; Saint-Lary, Gers, arr. d'Auch, cant. de Jegun.
(8) Original : Arch. de Tarn-et-Garonne (selon Monlezun); mentions : Arch. des Hautes-Pyrénées, ms. Larcher F 115, p. 803; Arch. d'Asson; Bibl. nat., ms. fr. 31936, *verbo* Luppé; publ. par Monlezun, t. VI, p. 482 (V. aussi, t. III, p. 484-485).

Saichent tous ceulx qui ce presant instrument publicq verront que noble Fortane de Lupés, escuyer, seigneur de Saint Jehan Potge, voullant et desirant remettre et rediger en meilheure forme l'estat de son villaige et les habitans d'icelluy, appres bonne et meure deliberation de conseilh et consideration faicte du profict qui viendra de ces reffourmes, auroict gratitement, non contrainct et de sa propre voullonté, avec le consentement expres de noble Lou[is] de Lupés, escuyer, son frere, presant et assistant, statué, donné et concédé pour luy et les sieurs successeurs, à l'advenir, des maintenant et à jamais, scavoir les statutz, coustumes, libertés et franch[ises], à son dict villaige, habitans en icelluy ou en sa juridiction, que s'ensuivient.

(1) Premierement (1) veut et concede le dict sieur Fortane que tous les habitans du lieu de Saint Jan Potge ou de sa juridiction, qui sont à present et seront sy apres, puissent librement allianner et vandre indifferement à quelle personne que ce soict et en quelle sorte qu'ilz vouldront pourter et conduire où bon leur semblera, tous leurs biens meubles, comme sont vins, bledz, pain, vestemens, draps, vaisseaux, bois, poulles, oyées et toute sorte de mangeaile et utencilles de maison, pour icelles vandre et alianner au pris qu'ilz en pourront avoir, icelles recepvoir comme et quand bon leur semblera, sans ce que le dict sieur ou ses successeurs puissent ny doibvent en rien les empecher ny faire empecher.

(2) Entend touteffois le dict sieur ceste libertté sy dessus concedée à ses subjectz de vandre tous les biens meubles à leur plaisir ce debvoir estendre à [celuy] qui dans le dict villaige ou juridiction vouldra vandre vin à la taverne (2); en ce cas veut et entend icelluy [vin] estre vendu sellon l'uzaige et costume de Vic, à mesmes et non à plus grand

---

(1) Il existe dans le manuscrit une numération en chiffres romains à partir de l'article 2.
(2) Le bord du papier étant déchiré, la fin de la phrase manque.

pris qu'en icelle ce vandra, luy estant neantmoins permis le vandre à moindre et plus ville pris.

(3) Veult aussy que celluy qui vandra vin, le fasse proclamer et cryer par les cantons et carrefours dudict lieu au baille. Sy point en y a, ou en son deffaut, à autre personne commune et publicq, et en cas qu'il ne le fera poinct, sera condampné en l'esmande de dix souz tournois applicables au seigneur, synon qu'il advient qu'il vandict le vin de son consentement ou de son baille ou des consulz d'icelluy lieu.

(4) Que sy quelcun est convencu vandre vin avec petite mesure, soict que cela vienne à la nottice du seigneur ou des consulz, que celluy bailhe tout autant de vin qu'il en pourra sortir par le dosier du vaisseau auquel le vin expozé en vante estoict, pour icelluy estre puis apres donné par asmande au seigneur.

(5) Et quand à celluy qui vandra vin à la taverne pourté de dehors icelle, ayant vacqué et esté par trois ou quatre jours sans vin, lors qu'il en aura recouvré, ne sera tenu le faire proclamer, sy ce n'est qu'il le voulsit vandre à plus haut pris qu'il ne ce vand alors en la ville de Vic.

(6) Tous juratz, manans et habitans au dict lieu et ses appartenances pourront vandre et allianner leurs biens immeubles, comme sont : maisons, vignes, terres, jardrins, (*sic*) predz et toutes autres semblables possessions à quel que se soict qui les vouldra achapter, pourveu touteffois qu'il habite aux lieu ou appartenances. Briefz en pourront fere et dispozer à leur voulontté, les donner et en prandre le pris qui leur en sera donné, synon qu'ilz les vandissent, allianassent ou missent en main forte ou morte, car en ce cas ilz ne peuvent proce[der] à la vante, donnation ou allianation d'icelles.

(7) Les susdites possessions pourra jouyr, tenir et posseder tout voysin dudit villaige, encores qu'il fasse sa demure ailheurs et hors le territoire, et ce par personne apte et suffizante qui reside là, fasse et exibe tous debvoirs et services acoustumés de faire, selon que le seigneur et les consuz jugeront estre de besoing.

(8) Saufz touteffois pour susdictes vantes des choses immeubles le droict et domaine du villaige qui sera et appartiendra

au seigneur. Pour raison duquel droict le vandeur lui bailhera à raison de doutze deniers ung, sy autrement n'est entre eux accordé et pactisé et l'achapteur ung denier pour conquade, moyenant lequel le seigneur sera tenu lui faire les los et vantes.

(9) Sera permis au seigneur, s'il veut avoir la chose vandue, icelle retenir, et en ranboursant l'achapteur des frais et despans qui auront esté faitz, estre prefferé en icelle à mesme pris, pour raison de laquelle rettention, prelation et ranbourcement luy seront tant seullement bailhés et concédés trois jours, passé lesquelz ne sera point receupable ny ne pourra prethende droict de prelation.

(10) Et en ce qu'est dict le seigneur estre et debvoir estre prefferé à tous achapteurs, il en faut excepter les parans qui seront dans le quatrieme degré, semblablement ceux qui seront partionneres avec le vandeur en la chouse vandue, car telz doibvent et peuvent estre prefferés au seigneur et tout autre nouveau achapteur, sy apres qu'ilz scauront la vante estre faite, ilz viennent dans neuf jours devant le seigneur avec l'argent et frais faitz qu'ilz bailheront à l'achapteur et les vantes au seigneur. Autrement des lors, ny les parans ni les partionneres ne seront à recepvoir.

(11) Sur quoy faut notter que, jasoict apres la vandition faite, les parans ou partionneres, sy poinct il y en a, viennent, il ne faut pas payer qu'une seule foys les vantes, lesquelles seront paiées au seigneur, comme cy devant a esté dict, et moyenant icelles, le dict seigneur sera tenu lausimer l'instrument de vandition que le vandeur fera passer et expedier en faveur de l'achapteur, et s'il advient que le seigneur differe de lausimer le dict instrument de vante, la forme sy dessus escripte ayant esté observée, la vante sera neantmoins bonne et valable.

(12) Fera le dit seigneur ou ses successeurs resider et habitter dans le villaige son baille devant lequel et avec lequel ses subjectz puissent expedier les afferes et negoces, tant du villaige du seigneur que leurs; et icelluy advenant le cas où le seigneur soict absant, de là ou des appartenances, puisse en son nom conceder les los et vantes.

(13) Ce que avec le susdict baille aura esté fait sortira

mesme et pareilh effect que s'il avoyt esté fait devant et avec le seigneur.

(14) Le baille qui par le seigneur ou ses successeurs sera de nouveau créé, jurera à la requisition des consuz sur les quatre sainctz evangilles de Dieu observer, entretenir les statuz et costumes dudit lieu.

(15) Donne et concede le susdit noble Fortane à tous ceux qui habiteront au lieu de Saint Jan Potge ou appartenances toutes les places dudict lieu, chacune de quinze razes de largeur et trente de longeur pour lesquelz tout tenancier luy donera ou à son certain mandement, chasque an, puis l'Assomption Nostre Dame jusques à la feste Toussaintz pour debvoir et hommaige ung cestier bled fourmant et ung sac avoyene, mezure de Vic.

(16) Davantaige donne le mesme sieur aux susdits habitans tous les jardrins du lieu de Saint Jean Potge et appartenances, chacun de la contenance d'une cartalade de terre, mezure de Vic, pour lesquelz chacun qui en aura sera tenu luy donner tous les ans; quand il les demandera, ung journal à houer dans les vignes du dict lieu et ung autre journal à coupper et syer les bledz lors que la saison sera. Durant lesquelz jours sera tenu le seigneur leur donner trois repas le jour, savoir est le disner, reciner(1) et soupper sur le soir.

(17) Pareilhement donne et concede à chacun d'iceux que dessus et à tous autres qui n'ont tant receu de luy comme eux, une conquade de terre, mezure de Vic, au dit lieu de Sainct Jan Potge et appartenances pour y planter une vigne pour laquelle chasque possesseur luy fera toutes les ans quatre deniers de service, à la feste de la Nativité nostre Seigneur.

(18) De mesmes confirme et concede aususdicts habitans toutes les terres de sa juridiction, et lesquelles d'incultes et hermes qu'elles estoient ils auront randues cultes et fructuzes, qu'à present ilz tienent et possedent avec pacte que la neufieme partie sera agrier; et icelle neufieme partye les possesseurs seront tenus luy bailher tous les ans qu'il

(1) Goûter.

y aura fruitz, soict en grain ou en gerbe, comme il plaira au seigneur.

(19) En oultres leur confirme et concede toutes autres terres qu'ilz ont en la juridiction et qu'ilz tiennent à present de luy à la septieme partye, laquelle les possesseurs d'icelles seront tenus luy bailher tous les ans qu'il y aura fruitz, ou en grain ou en gerbe, à son election. Et moyenant ce, des maintenant laisse, quitte et remet le denier que cy devant ilz avoyent acostumé luy faire pour chasque conquade de terre qu'ilz possedo[ient], lequel denier ne pourra cy apres par luy estre demandé ny exigé.

(20) Pour le regard des contractz de permutation et eschange que lesusdicts (sic) habitans feront de leurs biens immeubles, ne pourra le dict sieur en ce cas prethende droit de vantes, sinon tant seulement deux deniers pour entrée. Que s'y le contract d'eschange des immeubles ce faisoit avec argent, pour lors les vantes luy seront dhues et payées non à raison de la valleur de la pièce permuté, mais à raison de l'argent que pour icelle aura esté bailhé.

(21) Bailhera et concedera le susdict sieur au susdicts habitans instrument publicq des maisons, terres, jardrins et places sy dessus mentionnées toutes et quantes fois que par eux en sera requis.

(22) Quiconque aura en la juridiction bœufz ou jumans à labourer et cultiver la terre, sera tenu tous les ans lorsque la saison d'ensemancer icelle sera venue, puis la feste Toussaintz jusques à la feste de Noel, ung jour entier avec iceux bœuf et jumans labourer ses terres en recompance du pasturaige et herbaige qu'il luy donne et permet aux terres de sa juridiction et le seigneur sera tenu ce jour là nourrir les bouviers et leur donner trois repas en la faison que cy dessus a esté ditte des houeurs et faucheurs.

(23) Celluy de ses subjectz qui en sa juridiction battra ung autre malicieuzesement avec la main ou poin, s'il est convencu, et que sur le fait il aye esté cryé par le battu, que celluy là soit condampné payer au seigneur doutze deniers de monoye courante et les despans à partie, sellon le jugement de la court. Les mesmes doutze deniers et despans le battu, s'il est convencu, sera tenu pa[yer].

(24) Qui aussi malicieuzement en la mesme juridiction aura donné ung soufflet à ung autre, pourveu qu'il aye eu de la clameur sur le fait et qu'en outre soict convencu et attaint de l'avoir fait, bailhera au seigneur cinq sous de monoye courante et despans à partye au jugement de la court. Au contraire, sy le battu deschoict de son accuzation et est convencu, paiera douze deniers au seigneur et les deniers à partie.

(25) Qui de malyce aura mis la main à l'espée contre quelcun encores qu'il ne l'aye point frappé, ny blessé, pourveu touteffois qu'il soict convencu et que comme dessus il aye esté cryé, paiera au seigneur cinq souz et les despans à partye. Lequel sy au contraire est absous par sentence du juge, l'agrassé convencu payera au seigneur doutze deniers et les despans à partie.

(26) De mesmes tous ceux qui malicieuzesement auront battu ung autre, soyt avec espée, batton, pierre ou autre dure matière y ayant eu effuzion de sancg et la playe n'estant mortelle, s'il est convencu de l'avoir fait, paiera cinq souz au seigneur et les despans à partie, sy comme dessus il a esté cryé sur le fait. Que sy le blessé est convencu, et le blesseur en jugement adsous, sera esmandable envers le seigneur de douze deniers et des despans à partye.

(27) Mais sy la playe faite avec le susdictes matieres est mortelle, le blessieur sera condampné en soixante cinq solz de monoye courante applicables au seigneur, cinq souz aussy aux consulz d'icelluy lieu, lesquelz cinq sous, celluy qui sera attaint avoir blessé ung autre d'une plaie non mortelle sera aussy condampné leur paier avec despan à partie, s'y le blessé se porte pour partie, soict par voye de clameur ou denonciation ; et en cas de playe mortelle, encores qu'il n'y aye personne qui fasse partie, peut le seigneur, de son office jusques à tant que la preuve en soict faite, faire enquerir ; que sy le blessé faysant partie est demis de son accuzation, bailhera au seigneur doutze deniers enssemble les despans à partie, au jugement de la cour.

(28) Celluy qui, de propos délivré et malice pour pensser, attaquera ung autre en sa maison, soict qu'elle luy appartienne ou qu'il la tienne à louaige, en son champ, jardrin, vigne ou en quelq'une de ses possessions, paiera au seigneur soixante cinq souz, s'il est convencu ou que le seigneur de son office le pruve par voie d'inquisition, denonciation ou prevention, lorsqu'il n'y aura partye, enssemble les despans à partye, sy partie fait l'invahy, lequel au contraire, s'il est convencu paiera doutze deniers au seigneur et despans à partie, suyvant le jugement de la cour, et ne pourra estre aulcunement punisable ny recherché l'agressé, sy, en son corps deffandant, il endomaige et blesse l'agresseur.

(29) Ne pourra le dict seigneur ou ses successeurs sur les excés susdicts ausquelz la peyne est statuée de cinq souz ou moins, enquerir contre personne, sinon avec clameur ou denonciation, ou qu'il y aye accuzateur qui pressede et fasse directement partie; mais en playe mortelle ou perte de manbre faite pour playe receue, et en tout autre cas auquel l'esmande est de soixante cinq solz, pourra, de son office, sans qu'il y aye partie formelle, sans clameur, denonciation et accuzation precedant, faire inffourmer.

(30) Ne peult aussy en aucun des excés susmentionnés enquerir sans l'assistance des consulz à ce appellés ou, advenant qu'il ne peut jouyr d'iceux, de deux autres personnes de bonne vye et foy du lieu de Sainct Jehan Potge, que la partye contre qui on dresse les inffourmations n'aye poinct pour suspectes; lesquelles sy comme telles il recuze ou les consuz ou quelcung d'iceux, sera permis au seigneur enquerir contre le coulpable avec l'assistance d'autres que celle ci ne puisse avoir legitiment pour suspectz; et sy contre la teneur de secy le seigneur fait infformer, telles inffourmacions seront de nulle valeur et defficace.

(31) En toutes ses sentences et jugemens, le seigneur et ses successeurs appeleront les consulz du dict lieu et autres personnes de bonne vye et foy, auquel demandera leur advis sur les faictz propozés; et, les ayans ouys, que luy et son baille prononcent la sentence suyvant l'oppinion de la plus grande et saine partie, sellon ce qu'il luy semblera plus juste et expediant; autrement la sentence sera nulle.

(32) Pourront seullement les habitans d'icelluy lieu estre pignorés et executtés par le dict sieur ou baille pour choses jugées et conffessées.

(33) Ne pourra le mesme sieur et ses successeurs ou son

baille prandre et accepter aulcung d'iceux habitans pour gaige, loy ou esmande, moyenant qu'il puisse et vueilhe bailher caultions et respontions suffisantes du payement; et en deffaut qu'il n'en pourra bailher sera seullement tenu jurer et promettre qu'il payera.

(34) Le mesme privilege de bailher caultions et de n'estre point pris ny arresté pour les choses susdictes, leur est aussy octroyé et concedé en tout autre cas, s'ilz bailhent et prethendent s'en servir, sinon en tel cas, fait ou crisme, la prouvation duquel ensuivie enpourtat peyne corporelle, ou que ces ne feust pour les los et confirmation des vantes et allienations faites de ses biens qui de nécessisté devoient estre faites et que autrement il ne le peut faire, car alors pourroient estre pris et arrestés par leur seigneur.

(35) Advenant que ses subjectz ayant entre eux proces et playdent par devant luy, sy les parties ne puvent bailher responsables de payer choses jugées ou de poursuivre le procés jusques en fin de cause, suffira seullement qu'ilz jurent de ce faire.

(36) La où sera question de vingt soulz ou moings n'est besoing de purter aulcune requisition, mais seront concedées au debiteur qui ne deffandra deux dellays de neuf jours, le premier pour (passage laissé en blanc), le second pour respondre à la demande; et secy s'entend quand le debte ne peut estre pruvé par instrument publicq. Car s'il paroict du debte par instrument ou obligation quelconque, soict procédé suivant la tenue d'icelluy; et sy par sentence le debiteur est condampné payer au creantier, que pour ce faire luy soict tant seullement bailhé ung delay de neuf jours.

(37) Sy devant le mesme seigneur ou son baille, les mesmes subjectz ont intanté action personnelle ou famuse, soudain que la demande sera faite, sera tenu le deffandeur y respondre, icelle accorder ou nyer, pour puis appres estre procedé par le dict seigneur, sellon les propozitions, alleguations, conffezions et negations faites, condampnant ou relaxant l'ung d'iceux, cy comme faire se pourra par la costume, le conseilh estant assemblé comme dessus.

(38) Sy le messegier du dict lieu trouve les serviteurs ou chambrieres du seigneur dans les jardrins, vignes ou quelque

autre pocession des habitans, pour prandre et... (1) des herbes et fruictz, qui en à icelle seront, sans la permission et vollonté de celluy à qui elle appartient, ou bien qu'il prenne les dicts serviteurs avec les chevaux ou autre sorte d'animaux dans les bledz, predz et autres lieux, possessions, qu'alors le seigneur paye au dict messigier la pehe acostumée, et ce, des gaiges qu'il donne aus dicts serviteurs, promettant le mesme sieur pour luy et ses successeurs que luy ny les siens et son autre famille ne prandront aulcune sorte d'herbes et fruitz des dicts jardrins ou vignes, pailhe ny foin sans la vollonté de ceux à qui appartindront.

(39) Quiconque depoilhera et deboutera ung autre de sa juste possession sera esmandable envers le seigneur de soixante cinq soulz monoye courante, lorsque dhuement sera pruvé contre icelluy despoliateur et jugé par la court comme dessus.

(40) Ne pourra le seigneur, ses successeurs ou baille, hoster la juste possession à aulcung de ses subjectz sans cognoissance de cause.

(41) Sera permis à chacun habitant du dict lieu bastir ung four en sa maison pour cuyre son pain ou d'autruy ou en tenir de fait.

(42) Ce que par le seigneur aura esté engaigé à quelqun de ses subjectz bailhant la chose achaptée, comme pour avoir prins de la chair, du pain, du vin, avoyene, foin ou autres choses necessaires, sera gardé par le vandeur l'espasse de quarante jours, apres lesquelz, sy le seigneur ne le veut pas dessengaiger, ne sera tenu le vandeur la luy randre, mais s'il veut la pourra vandre et allianner, en randant touteffois ce qu'il aura eu de plus que la chose n'estoit engaigée, sy plus il l'a vandue.

(43) Semblablement de voysin à voysin quand quelcun d'eux aura rien engaigé à ung autre pour les choses susdictes, sera tenu le vandeur garder le gaige l'espace de neuf jours entiers seullement, appres lesquelz le pourra vandre en randant ce qu'il en a eu de surplus, et pour ce surplus sera creu à sa parolle.

---

(1) Mot surchargé que nous n'avons pu lire.

(**44**) Pourront les consuz mettre au dict lieu de Saint Jehan Potge ung ou plusieurs mareschalz pour travailher leur mestier et faire leur habitation pour les servir et à tous les habitans de la juridiction en payant leur donner certain gaiges; lequel ou lesquelz mareschalz, à la requisition de susdicts consulz, le seigneur recepvra à la charge que chacun d'eux, qui vindra en la faison susdicte, lui bailhera quinze solz de monoye courante, luy fera deux ancres pour son labouraige garnis de tous ferremens necessaires, deux coutres, deux coignées, sinc destraus, deux... (1) avec ses gons et clefz pour les portes de son chasteau devant et darriere, du fer que le dit sieur luy bailhera. Seront aussy tenus le susdicts mareschalz luy aguiser et souder tous le susdicts ferremens sans pouvoir rien prandre ny demander pour la soudure.

(**45**) Permet, donne et concede le mesme sieur à tous ses subjectz et habitans en sa juridiction, qui sont à present et seront sy appres, l'uzaige, exploit par toutes ses terres de la juridiction pour toute sorte d'animaux paissans les herbes faulsées ou glans, s'il en y a, et toute autre sorte de pasturaiges qui seront là destinés à l'uzaige des animaulx; comme aussy leur donne pouvoir prandre du bois sec et vert, faire des chevrons, pour s'en servir en leurs necessittés, soict pour les bastimans des maisons ou repparations d'iceles; neantmoins s'ilz prenent le bois pour le vandre, payeront le fourestaige au seigneur acostumé; de ce dessus, il eccepte le bois appellé au Leschou auquel les voysins auront seullement le pasturaige et glandaige, quand il en y aura, enssemble leur sera permis assembler ou colliger en icelluy du bois sec et en coupper, s'ilz veullent, quand ilz en auront besoing, comme aussy du bois vert, mais que sella soict pour fermer et repparer les maisons du dit lieu de Saint Jehan Potge.

(**46**) Les consulz de l'année passée pourront tous les ans landemain de la Nativité nostre Seigneur eslire et esliront autres consulz pour l'année ensuivante, assistans à icelle ellection trois hommes du dict lieu, qui, apres avoir prethé serement, les puissent eslire et eslisent avec eux; la charge desquelz durera ung an et, comme consulz, auront tout pou-

---

(1) Mot surchargé que nous n'avons pu lire.

voir et puissance. Iceux ainsi esleus sera tenu le seigneur, à la requisition de ceux de l'année passée, recepvoir en leur faisant jurer sur les quatre saintz evangilles de Dieu, qu'ilz ce pourteront fidellement en leur charge, tant à l'endroit du seigneur que habitans.

(47) Les consulz esleuz et recens esliront, avec les consulz de l'année passée et telz autres habitans qu'ilz voudront à ce appellés, ung mesigier ou plusieurs pour garder les bledz et vignes des habitans, et comme la charge de consulz dure ung an, la leur durera aussy ung an entier. Iceux mesigiers, le seigneur, à la requizition des consulz, recepvra et sera tenu recepvoir, et les conffirmer, avec le serment qu'ilz feront sur les saintz evangilles de Dieu que tant en son endroit que subjectz, ilz ce pourteront fidellement en leur office; les peches, qui par eux auront esté faites le jour, appartindront aux consulz pour subvenir aux affaires du villaige, sans que le seigneur puisse prethande droict en partye d'icelles.

(48) Ranbourceront le susdicts habitans aux consulz les despances par eux faites à la poursuitte des affaires du villaige et à la levée de tailhes, desquelles la cottization faite, chacun d'eux sera tenu leur payer.

(49) Aura chacun des dicts consulz pour ses gaiges cinq soulz de monoye courante, lesquelz le susdicts habitans leur payeront avec tous autres despans.

(50) Randront aussy le susdicts consul, durant l'espace de huit jours, avant la Nativité notre Seigneur, appres avoir prêthé le serement, compte des despances faites par eux pandant leur charge pour les affaires de la communauté, des tailhes qu'ilz auront levées, des esmandes et peches, qui leur auront esté bailhées, au susdicts habitans qui y voudront assister, ou à leurs consilliers, sellon qu'ilz advizeront et jugeront.

(51) Tant le seigneur que subjectz seront tenus indempnizer les dicts consulz sur les choses cy davant mentionnées et sur tout ce que dheument auront fait pandant leur charge et pour les affaires communes du villaige.

(52) Pourront iceux consulz executter par toute la juridiction ung chacun des habitans pour les tailhes, peches et pour leurs gaiges, icelles lever sans l'assistance du seigneur ou de

son baille; duquel touteffois, s'ilz ont besoing pour faire execution, sera tenu le seigneur, à la requisition des consulz, le leur bailher pour, sans recompanse, execcuter celluy ou ceux que les consulz luy diront.

(53) Et au cas que quelcun des habitans ostera le gaige prins au consul ou baille, ou bien empechera iceux faire execution, payera celluy là aux consulz deux souz de monoye courante et deux autres au seigneur, sans autre esmande, et cecy aura lieu quand tout ce dessus aura precedé.

(54) Qui aura battu les consulz ou quelqun d'eux, ou qui les aura malizieusement assailhis, ou leur aura dict ou fait opprobres et injures, faisant leur charge et affaires du villaige, payera de chasque excés sy dessus dit au seigneur cinquante cinq soulz monoye courante, cinq aux consulz pour esmande, au battu et agressé pour le domaige et injure faicte à la discrection du seigheur et jugement de la cour. Lequel consul pandant son consulat sera creu par son serment, sans qu'il doive faire autre pruve.

(55) A esté accordé entre le dict noble Forthane et consulz du dict lieu sy bas escript que lui et ses successeurs poursuivront les larrons et malfacteurs, qui seront en sa terre, sellon leur pouvoir, iceux prandront et garderont s'ilz puvent, dellivront à leur supperieur pour estre faite justice des exces commis par eulx; et en cas qu'ilz ne le feront, ou ne vouldront faire, les consulz, avec autres du villaige par eux appellés, poursuivront les dicts larrons et malfacteurs, prandront et garderont, s'ilz veullent et peuvent, ou bailheront à leur seigneur ou à son supperieur, sellon qu'ilz jugeront estre de besoing, pour d'iceux larrons et malfacteurs estre fait justice comme dessus.

(56) Celluy des subjectz qui aura perdu en son champ le bled ou gerbe, soit de nuit ou de jour, s'il la truve en lieu de la juridiction, luy sera randue par son seigneur, s'il s'en vient plaindre à luy à sa requisition, moyenant qu'il paroisse la dicte gerbe et bled luy appartenir par aulcunes circonstances ou infformations de veritté sans autre preuve solemnelle; que sy le seigneur ne la luy veut faire randre, ou qu'il differe, alors les consulz auront pouvoir de ce faire et prandre celluy qui aura fait le larracin, le garder et, comme

tel, le mettre es mains de leur seigneur ou de son supperieur pour estre fait justice du larracin par luy commis.

(57) Ceulx que le messigier trouvera en la juridiction ravaigant de nuict les vignes, jardrins et vergiers, predz et champs des subjectz et enpourtant rasins, fruitz, herbes dans le saing, ou mains, ou bien du foin et de la gerbe dans les mains, que telz pour la peche paient au seigneur cinq soulz monoye courante, autres cinq soulz aux consuz et doutze deniers au messigier qui les aura surpris sur le fait; que sy les trouve dans les vignes, jardrins, predz et champs pourtans rassens et autres fruictz dans de paniers, sacz ou autre sorte de vaisseaus, ou bien enpourtant quelque faix de pailhe, foin ou gerbe, payeront aus seigneur et consulz soixante souz monoye corante pour la peche, qui seront entre eux esgallement departis, cinq soulz ou messigier qui les aura surpris et l'esmande à celluy qui aura souffert domaige, à la discretion du seigneur et jugement de sacour; contre lesquelz, s'ilz n'ont moyen paier ce dessus, sera procedé comme larrons.

(58) Quiconque ne fera au seigneur les services, debvoirs acostumés de faire pour les vignes, terres et autres possessions qu'il tient de luy au jour qui luy doibvent estre faites, luy sera esmandable en vingt deniers de monoye courante et, outre ce, luy fera double debvoir et service pour raison de ce que luy en debvoit faire.

(59) Le bouchier, ou celluy qui en sa boucherie fera ou vandra chair de porc ou truye, chasque dimanche qu'il en vandra, donnera, de chacun porc ou truye au seigneur, une jambe de celle de devant; de mesmes s'il vand bœuf ou vache au jour de dimanche bailhera au dict sieur autant de chair de l'endroit de devant qu'il en pourra tenir et couvrir avec le poing serré; que s'il advient que le susdict bouchier vande le sabmedy la moytyé du porc ou truye et le dimanche apres la moytyé, il ne sera pour lors tenu donner au seigneur la susdicte jambe de devant.

(60) La mesme jambe de porc ou truye bailhera le bouchier quand, par festes, qui ont vizille, il en vandra, comme est la feste de Pasques, de l'Asention nostre Seigneur, la Pentaquoste, la Nativité saint Jehan-Baptiste, saintz Pierre

et saint Paul, appostres, l'Assomption nostre Dame, saint Laurens, martir, saint Barthelemy, saint Mathias, saint Simeon et Jude, la feste Toussaintz et saint André.

(61) Quiconque aussy vandra et fera les chairs de porc ou truye susdictes, durant huit jours avant la Nativité nostre Seigneur et huit jours aprés, celluy la, tous les jours qu'il vandra et fera, donra au seigneur de chasque porc ou truye qu'il vandra une jambe de devant comme dessus, moyenant qu'il les vande et couppe en son bancq; et boucherie des autres chairs, sy quelqu'un en fait pour vandre et en vand, il n'est tenu en donner rien ny faire aulcung debvoir au seigneur.

(62) Celluy des subjectz qui à ung autre des subjectz aura vandu en sa maison propre ou louée, pain ou vin, chair, avoyene, sy l'achapteur ne veut paier la somme et pris arresté, pourra pour icelle somme l'executer dans sa propre maison, de son authorictté, et sans que l'assistance du seigneur ou son baille y soict requise, rettenir devers soy le gaige jusques à tant qu'il soit payé ; et mesmes sera observé à l'endroict de celluy qui ne sera de la juridiction, lequel le subject pourra executter pour le pris et somme de la chose vandue, de sa propre authorictté, et, qui plus est, fors la maison et en tout lieu qu'il pourra ce faire, pourveuque ce soyt en la juridiction, sans que pour cella il soict besoing de l'assistance du seigneur ou baille, et pourra garder et vandre les gaiges, sellon la forme sy dessus dictte des gaiges de neufz jours.

(63) Ordonne finablablement (1) le susdict noble Forthane que, s'il s'agit par devant luy, la demande bailhant doutze deniers ou moingz, qu'il soict creu au demandeur.

(64) Si le deffandeur luy doit ce qu'il demande, pourveu qu'il soict tel duquel le dict sieur aye oppinion qu'il ne jureroit de la faison, s'il ne disoit la véritté; ce que fait, il constraindra le debiteur paier les doutze deniers ou moingz, qu'il devra au creantier, et bailhera en outre pour esmande deux deniers au seigneur; toutteffois, sy l'actheur voulloit donner à jurer et faire le susdict sere-

---

(1) *Sic*, pour : *semblablement*.

ment au deffenseur, et que, comme dessus, il jura ne debvoir rien de ce qu'on luy demande alors il sera relauxé, et l'autheur condampné en l'esmande de doutze deniers, applicables au seigneur.

Toutes lesquelles libertés, franchies, statuz et costumes le dict noble Forthane, pour soy et ses successeurs, à l'advenir et à jamais, a donné à Guilhammes de Juillac, Martin de Haute Fage et Jan de Naugete, consulz du dict lieu de saint Jehan Potge, et au dit Guilhamme, sindic, prenant et acceptant pour eux et au nom de toute la communauté de tous et chacuns de la dicte communauté, de tous et de ceux qui y ont et auront interrest, à l'advenir et de ses successeurs, et à moy, notaire, bas dessous present et soulempnellement stippullant pour et au nom de la dicte communauté et de tous et chacuns les absans du dit villaige ou apartenances d'icelluy, ausquelz luy et ses successeurs a promis et juré sur les sainctz evangilles de Dieu garder et observer tout ce dessus et en rien n'y contravenir, par soy ny par autre personne interpozée, en aulcune fasson et manière que ce soict, soubz expresse renunciation de droict et de fait.

Donné à Saint Jehan Potge le troizième jour de febvrier mile trois cens et cinq, regnant par la grace de Dieu Phelipe roy de France, et Bernard, conte de Fezensac et Armaignac (1) et, (en blanc), arechevesque d'Aux (2). Presens : Vidal de la Lane, Guiraud de Maru, Jehan de Caupenne, Bernard de la Mothe dict l'arechevesque, Bernard de Forsset, Bernard de Mont et moy, Guilhamme de la Mollere, notaire à Vic, qui ay escrit le present instrument de ma main et en ceste forme redigé, du consentement des dicts noble Forthane et consulz, qui, en leur nom et de tous et chacuns d'icelle communauté m'ont prié lui conceder instrument et rediger en forme publique ce que dessus; ce que, à leur requisition, j'ay fait et signé de mon saing acostumé, en foy et tesmoinage de tout ce dessus, et le dict noble Forthane de Lupés, escuyer, pour les choses cy devant escriptes randre plus fermes et à jamais

(1) Bernard VI (1285-1319).
(2) Amanieu II (1262 env. 1318).

assurées, est aussy signé. Sy ay fait appozer à cest instrument nostre scau avec lequel, ou sans lequel, veux qu'il soict valable, en cas qu'il advindra icelluy ce rompre ou consumer par succession de temps.

Extrait de l'original par moy (en blanc) la Molere.

IMPRIMERIE
CONTANT-LAGUERRE
BAR-LE-DUC

www.ingramcontent.com/pod-product-compliance
Lightning Source LLC
Chambersburg PA
CBHW060623050426
42451CB00012B/2404